De uforløste følelser 2:

© 2023, Kai Riesendorf
Forlag: BoD – Books on Demand, Hellerup,
Danmark
Tryk: BoD – Books on Demand, Norderstedt,
Tyskland
ISBN: 9788743030720

Kai Riesendorf

De uforløste følelser 2:

En digtsamling:

FORORD:

Vi kender dem alle – de uforløste følelser.

Selv den med det mest hårde hjerte kender dem.

Det er de følelser, som opstår, når vi mindst venter dem.

Mange gange vælger vi at undertrykke følelserne.

Vi ved i vores hjerter, at vi vil tabe anseelse, hvis vi giver udtryk for dem.

I virkelighedens verden betyder fornuften mere end hjertet, når vi skal sikre os selv økonomisk.

Det er nogle af disse uforløste følelser, som jeg vil beskrive med denne digtsamling, som er nr. 2 i den række, som forhåbentlig vil følge efter.

Man kan vel sige, at det er min måde at gennemleve disse følelser på, så jeg bedre kan hvile i mig selv i hverdagen.

Bogen henvender sig til alle os følelsesmennesker, som tænker med hjertet.

Os der har et behov for at vide dybt inde i os selv, at vi ikke er alene.

Der findes andre derude, som føler på præcis samme måde som os selv.

Indholdsfortegnelse:

Billedet på bogens forside illustrerer det første digt.

OMSLAG:

Jeg har en drøm,

som jeg drømmer om natten.

Jeg er en smuk hvid fugl,

som svæver rundt på himlen.

Mine vinger er bredt ud,

men jeg bruger dem ikke

Min krop føles vægtløs.

De varme luftlag holder mig oppe.

Landskabet folder sig ud under mig.

Alt virker meningsfuldt for mig.

Jeg ser livet i en sammenhæng.

Selv smerten og nederlagene giver mening.

Jeg bliver opfyldt af en lykkefølelse.

Pludselig ændrer scenariet sig.

Jeg befinder mig i et slumkvarter.

De varme luftlag har svigtet mig.

Jeg flakser rundt i de smalle gyder.

Mine vinger kan ikke folde sig ud.

Min vægt holder mig nede.

Den rå virkelighed trænger sig på.

Modløsheden fra omgivelserne kvæler mig.

Jeg kan ikke længere ånde.

Så vågner jeg.

En ny hverdag kræver mig.

Kærlighedens væsen - forord:

Den 24. februar 2022 valgte Rusland at besætte Ukraine. Jeg blev orienteret om det af nyhederne i radioen allerede om morgenen, før jeg var stået op. Det var en nyhed, som jeg vidste på enhver måde ville påvirke den dag, som ventede.

I løbet af formiddagen satte medierne mig ind i detaljerne omkring besættelsen. Mit sind blev fyldt op med et virvar af sanseindtryk og tanker, som betød, at jeg intet kunne overskue.

Modløsheden overtog, og håbet om en mere lys og mere farverig fremtid forsvandt. Ved middagstid var mit sind så fyldt op med sanseindtryk og tanker, at jeg var nødt til at tage mig en middagslur. På den måde kunne jeg få bearbejdet sanseindtrykkene og tankerne.

Det blev til en lang lur på 3 timer, men alligevel forløste det mig ikke. Håbløsheden dominerede stadig i mit hjerte.

Forløsningen kom den efterfølgende nat. Her havde jeg en drøm, som mindede mig om, hvad livet i virkeligheden drejer sig om.

Nu er jeg tilbage i virkelighedens verden og kæmper fortrøstningsfuld videre.

Drømmen har jeg nedfældet i det efterfølgende digt:

KÆRLIGHEDENS VÆSEN:

Denne nat indeholder en dejlig drøm.

Rammen er en børnehave,

hvor jeg er ansat

Jeg knæler ned foran en lille pige.

Det sortkrøllede hår favner hendes ansigt,

som en glorie der kræver et svar

Pigen ser uforstående på mig.

Hun forstår ikke de voksne.

Hvorfor skal hun være et godt eksempel,

når vi voksne ikke er i stand til det?

Jeg kan kun tale for mig selv.

Smerten overvælder mig,

og jeg kan kun sige det eneste rigtige:

At vi voksne forsøger,

men ikke altid magter det

Pigen kigger på mig og mærker min smerte

Hun stryger mig over kinden,

og siger at det er okay

Så hengiver hun sig til legen med de andre børn

Kærligheden gennemstrømmer mig

Jeg får et glimt af lykken.

Så slutter drømmen.

Noget har vækket mig,

men drømmen er der stadig

En erkendelse vokser frem i mig.

Vi taler om kærlighedens væsen.

Hvori består den?

Består den i at være i børnehøjde?

At mødes mentalt på samme tid og sted

At smelte sammen med et andet menneske,

selv om det kun er for en kort stund

Jeg ved det ikke,

men jeg ved,

at det er det, som giver livet mening

på trods af alle modsætningerne

FANGET AF NATTEN:

Lige med ét vågner jeg.

Det er midt om natten.

Pludselig er jeg lysvågen.

Alting virker klart for mig.

Bearbejdede drømme viser sig for mig.

Drømmenes analyser virker indlysende,

men er det alligevel ikke

Jeg føler, at jeg er fanget i en fælde.

Mit åndelige forsvar virker ikke.

Forsvaret som jeg bygger op om morgenen

Værnet som skal bringe mig igennem dagen

Sikre at jeg ikke mister mig selv,

så jeg kan komme videre i hverdagen

Jeg bliver ramt af modløshed.

Hvorfor kan jeg ikke få fred om natten?

Er det for meget forlangt?

Spørgsmålene trænger sig på.

Jeg forsøger at falde i søvn.

Omsider falder jeg i søvn.

Alligevel vågner jeg flere gange.

Tynget af den samme klarhed,

som jeg ikke kan forsvare mig imod

Den nye hverdag virker uoverskuelig.

AT FINDE HÅBET:

Jeg kæmper dagligt for at finde håbet

Det håb som kan føre mig videre i livet

håbet som kan vække mig om morgenen

og give lige præcis mit liv mening

Jeg spejler mig i andre

i håbet om at finde svaret,

men jeg ser kun deres stræben

efter overfladiske værdier

værdier som ingen andre har

materielle goder som kan imponere

som de kan bryste sig af

og få dem til at føle sig som mere

end de andre som slet ingenting har

Det er ikke her jeg skal finde mit håb.

Jeg må finde min egen vej.

DAGLIGDAGENS DÆMONER:

Vi har alle vores dæmoner at kæmpe imod,

såvel børn, unge, midaldrende som ældre.

Kun antallet og størrelsen af dem varierer.

Nogle ryger for meget.

Andre drikker for meget.

Atter andre spiser for meget

med overvægt til følge

Dæmoner som du ikke kan slippe væk fra.

Det sørger din omverden for.

Deres fordømmende blikke er tilstrækkelige.

Fortidens dæmoner kan også trænge sig på,

Påvirkninger fra barndommen af,

som du ikke magter at se i øjnene,

men vælger at fastlåse i sindet

som værende medfødte

for trods alt at få et fundament,

som du kan bygge dit liv op på her og nu

Du ved, det kun er et spørgsmål om tid,

før du bliver konfronteret med en af dine dæmoner

EN DAG I NETTO:

Den unge kvinde sidder der så tappert

ved betjeningskassen i Netto

Egentlig vil hun bare passe sit job

men forhindres i det

Kunden skal have penge igen

Hun smiler til kunden

En kundes øjne er hårde

Øjnene er fokuserede

På hvad kunne man spørge?

Kvinden ved det allerede

Svaret er hendes hovedbeklædning

Hun er muslim og bærer hijab

at forklare hjælper intet

Kunden har sin egen forklaring

Hun går videre til næste kunde

Igen er øjnene hårde

Flere hårde øjne følger efter

Hun lukker af for at overleve

Arbejdsdagen er først lige begyndt

I morgen vil hun være tapper igen.

NÅR DE FÅ BETYDER ALT:

En hjemløs ser trist på de forbipasserende

Alle har tilsyneladende travlt.

Det har han ikke selv.

Han står på en gågade med sine aviser

strategisk placeret ved et varehus

med det formål at sælge sine aviser

Fortjenesten ved salget er lille.

Egentlig betyder det ikke så meget.

Han vil jo bare accepteres som hjemløs

respekteres som det menneske han er

Reaktionerne på ham er mange.

Nogle er åbenlyst forargede.

Andre er ligeglade og ser ham ikke.

Der er også dem, der er forlegne.

Enkelte af dem har også ondt af ham.

Reaktionerne har noget til fælles.

De så helst han slet ikke var der.

Der findes dog undtagelser.

Det er de få som forstår

som ikke føler sig hævet over ham

de få som betyder alt

som gør, at han ikke giver op

de få som får ham til at stille op

på præcis det samme sted hver morgen.

ALDERENS FORBANDELSE:

Det er formiddag

Hendes ben er tunge,

men hun har heldigvis sin rollator

Hun må af sted,

mens gaderne er tomme

Her går hun ikke i vejen

for alle de travle mennesker

Mennesker som er drevet frem af formål,

som giver deres liv mening

Hun skal bare fordrive tiden.

Alderen har gjort hende overflødig,

men hun har stadig brug for påskønnelse

Nu må hun altså af sted

i håbet om et venligt blik fra én på sin vej

Det vil gøre hele forskellen.

Men angsten holdet hende tilbage.

Hendes rollator skræmmer mange.

Den minder dem om deres egen skæbne.

Hun frygter at blive undgået.

Måske skal hun hellere vente med at gå ud.

I morgen bliver det hele sikkert meget bedre.

AT VÆRE ENSOM BLANDT MANGE:

Jeg er stadig et offer, som kæmper imod.

Kampen er ikke min alene

Det oplever jeg dagligt,

når jeg bliver en del af bybilledet

Jeg ser den ældre med sin rollator,

som vandrer planløst rundt

i håbet om at få et venligt blik

eller måske en venlig bemærkning

Så er der den hjemløse med sine aviser,

som han forsøger at sælge

for at opnå menneskelig kontakt

Muslimske kvinder er der også.

Nogle bærer deres hijab med frygt,

bange for at blive nedgjort

for at blive udelukket af fællesskabet

Vi kæmper alle på hver vores måde

Bare jeg kunne være der for dem alle

Det kan jeg bare ikke.

Jeg er selv et offer,

som ikke har lært at sige fra

angsten for at drukne i håbløshedens hav

hindrer mig i at række hænderne frem

og lade dem vide, at de ikke er alene.

HARBOE, MIN VEN:

Du er min ven, Harboe.

Jeg elsker dig.

Altid er du der for mig,

og du er ikke alene

Der findes mange som dig,

som altid er der for mig

Jeg er aldrig alene.

Svigter en af jer,

så vil den næste allerede stå parat

Virkeligheden bliver fjern,

jo mere jeg er sammen med jer,

jo flere jeg er sammen med

Jeg lever i min egen verden,

hvor jeg føler mig levende,

men alt har sin tid

Det er på tide at sige godnat,

selv om jeg elsker jer

I morgen venter en ny virkelighed,

som jeg skal forholde mig til,

hvis jeg ikke skal miste mig selv,

som det menneske jeg nu engang er

HARBOE, MIN SAMFUNDS-HJÆLPER:

Du hjælper mig igennem livet, Harboe.

Til gengæld forventer du min loyalitet.

Jeg må ikke hengive mig til andre drikke.

Du repræsenterer en genstand.

Det er på den måde, du hjælper mig.

Du efterlader en kapsel,

hver gang jeg lukker dig ind.

En kapsel som jeg gemmer på et sted,

som udelukkende er forbeholdt dig.

Det bliver til flere kapsler på en dag.

Dagen efter bliver I talt op.

Jeres antal bliver skrevet ned.

På den måde holder jeg styr på jer

hver eneste dag alle årets dag.

Bliver I til for mange på en dag,

så ved jeg, at jeg skal holde igen.

Du gør mit liv tåleligt, Harboe.

Det respekterer jeg dig for.

FLYDERNE:

Vi kender dem alle,

de mennesker som jeg kalder "Flyderne"

dem der altid flyder med strømmen

som altid bevæger sig på en overflade

de mennesker som er sig selv nærmest

mennesker som aldrig ofrer sig for andre

Tilsyneladende mærker de ikke livet.

Nogle vil også kalde dem for "Overleverne"

Det vigtigste er tilsyneladende at overleve

uanset hvor meget andre lider

De betragter ikke sig selv som "Flydere",

men som samfundets elite,

der har retten til at nedgøre andre,

som lader sig styre af deres hjerter

Jeg selv mærker livet alt for meget

"Flyderne" får mig til at føle mig alene,

fordi de gør alt for at blive hørt og set

De taler fornuftens sprog,

mens vi andre taler følelsernes sprog

Der er nemlig andre som mig selv.

De vinder på det ydre plan,

mens vi andre vinder på det indre plan

Bare vi kunne finde et fælles sprog.

DE LEVENDE DØDE:

Måske hører du selv til dem.

Du ved det bare ikke selv.

Sådan har det ikke altid været.

Der var engang for mange år siden,

hvor du blev båret oppe af drømme

I dit hjerte troede du på,

at du kunne gøre en forskel

Dine øjne lyste af håb og forventninger

Du ville være der for dem,

som havde det svært i livet

Med tiden forsvandt gløden fra dine øjne

Det evige nærvær blev en byrde.

Livet kom alt for ofte for tæt på.

Overblikket og drømmene forsvandt.

Du følte ikke, at du kunne ånde,

men fandt en måde at overleve på

Du lærte at lukke af for alt det,

som gjorde ondt i sjælen

Dit hjerte blev koldt og uforsonligt

og kun tilgængeligt for dine nærmeste

Med årene fandt du en plads i livet,

hvor du følte dig påskønnet og elsket

Bekvemmeligheden tog plads i dit liv.

Det samme gjorde forudsigeligheden.

Til at begynde med føltes det rart,

men nogle gange længes du tilbage

Du længes tilbage til en tid,

hvor du følte dig levende,

og dit hjerte hoppede af glæde

ved tanken om at kunne gøre en forskel

TILBAGE TIL BARNDOMMENS LAND:

Jeg kigger forundret på min far

med det bevidsthedsniveau

som en 6-årig dreng nu engang har.

Vi er tilbage i barndommens land.

Jeg skal begynde i første klasse.

Min kommende lærerinde er i vores hjem

for at få mig indskrevet

Min far lader hende forstå,

at jeg er for dum

til at blive indskrevet

Min bror er et år yngre end mig.

I stedet skal han indskrives

Så må jeg pænt vente et år mere.

Min far forklarer sig ikke.

Det er min dumhed for åbenlys til.

Lærerinden ser anderledes på det.

Hun lader mig gennemgå en prøve,

som beviser min duelighed

Min skolegang bliver ikke udsat

Det giver mig håb.

Jeg skal nok bevise overfor min far,

at jeg ikke er dum

Siden er årene gået,

og jeg kan se tilbage

med den erfaring

som årene har givet mig

Vemodet overvælder mig.

Min fars mening om mig forblev uændret,

mens årene bare gik

uanset mine karakterer i skolen,

mine uddannelser og mit velmenende hjerte

MIN FARS HÆNDER:

Hun ligger der så fint, min søster

i sin egen lille barneseng

iført en lyserød ballerina-natkjole

Selv ligger jeg ved siden af

i min egen barneseng

helt forsvarsløs

Jeg fornemmer en sur lugt.

Min far er kommet ind i værelset.

Han kommer hen imod os.

Hans hænder nærmer sig

som store gribekløer

Hænderne griber min søster.

Min far opdager jeg er vågnet:

"Hun skal bare med ind og se fjernsyn":

Hans stemme er unaturlig sød,

men nu kan jeg sove roligt videre

fri for frygt for hans hænder

de hænder som gør det unævnelige

PÆDOFIL OG LANDMAND:

Min far var pædofil og landmand

Det blev min redning

som en særlig sensitiv person

Min bedstefar var også landmand

født ud af mulden

Her var de i deres rette element

og kunne leve i deres egen verden

fri for verdens nysgerrighed

Min far vaskede sig aldrig

og gik kun i bad,

når selskabelighed krævede det

Hans hverdagstøj var som en rustning.

Den gav ham tryghed

og svært at få ham til at tage af,

når lugten krævede en vask

Hans rustning mistede lidt af sin kraft,

når den først var vasket

Det grå hår blev heller aldrig vasket

og havde brunlige nuancer,

som stammede fra dyrenes afføring

Billedet af ham omfattede også hans tænder.

De bar præg af mange års rygning.

Det blev også til mange skrå.

men tandplejen fulgte ikke med

Det gjorde tandlægen heller ikke.

med rådne tandstumper til følge

Det var ikke en mund, som indbød til kys

og ikke en krop som indbød til kram

Det blev min redning

som en særlig sensitiv person

Jeg følte aldrig trangen til sidenhen

at give mig hen til en anden mand

BYTTEDYRSBLIKKET:

Jeg genkender blikket,

når jeg bevæger mig hen ad gågaden:

Byttedyrsblikket

Som særlig sensitiv er jeg sårbar.

Det fornemmer de homoseksuelle,

som måtte passere mig

Hvordan kommer de i kontakt med mig?

Hvordan kommer de videre herfra?

Hvordan får de adgang til mit numsehul?

Jeg fornemmer alle de spørgsmål,

som de stiller sig selv

Minderne fra min barndom dukker frem.

Det samme gør smerten,

som er ved at brænde min sjæl op

Min fars seksuelle behov skal dækkes.

Jeg er udset til opgaven,

men vil jeg løse den?

Byttedyrsblikket gør sig gældende.

Hvordan får han adgang til mit numsehul?

Hvor nemt vil det være at nedlægge mig?

Hvor modvillig vil jeg være?

Jeg fornemmer alle overvejelserne.

Egentlig forstår jeg godt de homoseksuelle.

De vil bare bekræftes i deres seksualitet.

Antal nedlagte byttedyr kan bekræfte den.

Jeg er bare ikke medspiller.

Mine rødder skal ikke føres videre.

DE SVÆRE FRAVALG:

Jeg har mødt mange kvinder i mit liv

unge piger som siden blev til kvinder

piger som vil have været der for mig,

da jeg skulle tage en uddannelse

og efterfølgende få et arbejde

Familie kunne det også have ført til.

Jeg fravalgte dem alle, men hvorfor?

Siden fulgte der andre kvinder,

seksuelt tiltrækkende kvinder

men heller ikke så meget andet

Dem valgte jeg også fra, men hvorfor?

De moderlige typer var der også

Kvinder som ville forsørge mig

give mig den omsorg og nærhed,

som jeg ikke fik i barndommen

Disse kvinder var sværest at fravælge.

Jeg kunne være flygtet ind i dem alle.

Alligevel gjorde jeg det ikke.

Det ville have været en flugt

en flugt fra en kamp,

som jeg skulle udkæmpe alene

for at blive et frit og helt menneske

og ikke et menneske, som kun var født

til at dække hans personlige behov

Det var den rolle i livet,

som min far havde tiltænkt mig

GØGLERBÅDEN:

Vi befinder os på Gøglerbåden

En stripbar i Aalborg Midtby

Jeg selv som en ganske ung mand

omgivet af sorte prostutierede

Vi befinder os på førstesalen,

hvor der sælges ud

Jeg har været her før.

Her er det liv og de farver,

som jeg ikke kan finde i mig selv

Jeg er tilskuer og bliver aldrig andet.

Det fornemmer jeg instinktivt,

selv om ikke forstår hvorfor

Ved baren står en mørklødet servitrice.

Det er årsagen til, at jeg er her.

Hun er min første forelskelse

og repræsenterer lyset og farven

Hendes kjole er elegant

Det virker som hun svæver over vandene

Intet kan tilsyneladende røre hende.

Heri ligger min fascination af hende.

Selv er alle mine følelser i spil.

Det får mig til at føle mig levende,

men gør mig også sårbar

Hvem kan jeg stole på?

Hvem vil mig det godt?

Hvem vil acceptere mig som det menneske,

som jeg nu engang er?

Jeg mangler et fundament,

som jeg kan bygge en tilværelse op på

Servitricen virker som en mulighed

og alligevel ikke,

selv om jeg ikke forstår hvorfor

Nu dukker ejeren af baren op.

Han har en kunde med.

De sorte "varer" sidder ved baren.

Indbydende men alligevel uopnåelige

Dog ikke til den rigtige pris.

Ejeren hvisker indforstået til kunden.

Prisen er en flaske champagne.

Den nette pris er 1.500 kr.,

men prisen kan forhandles

alt afhængig af kundens liderlighed

Så sætter kunden sig ved sofabordet

sammen med den valgte vare

Servitricen kender spillet.

Hun er en del af det

og serverer champagnen

Efter betalingen trækker hun sig tilbage.

Der bliver nippet til champagnen.

som virker underlig uinteressant

Blikkene er rettet mod en sidedør.

En dør som de snart forsvinder ud af.

Det er hverdag for servitricen.

Arbejdet har forrået hende.

Hun kan selv erhverves for 500 kr.

For hende drejer det sig om at overleve.

Kunderne ser også hende som en vare.

Hendes mørke farve gør sig gældende.

Det er en virkelighed,

som hun bare må leve med

Hun har intet andet valg,

hvis hun vil beholde sit arbejde

Ingen forlanger hun skal sælge sig selv

Det virker bare så nemt.

Vil svinene betale

og bemægtige sig hendes krop

for en kort stund

bare for at få taget trykket af?

Det kan hun godt leve med

Trykket aftager hurtigt.

Så kan hun få fred.

Hendes sjæl får de i hvert fald ikke.

Det samme gælder hendes hjerte,

hvis man da ellers kan skelne

Det er hendes selvbedrag,

som gør, at hun kan overleve

og svæve over vandene

når hun udfører sit arbejde

Nu ændrer scenariet sig.

En anderledes kvinde dukker op.

Det er hustruen til ejeren af baren.

Hun kommer op af trappen

og fører sig frem som en dronning

med sin smukke selskabskjole

Hun er en drømmer som jeg selv

For hende er det i drømmene,

at mennesker bliver smukke,

og livet bliver udholdeligt at leve

Det har hun betroet mig.

når hun af og til står ved baren

De smukke stueplanter derhjemme,

Det er dem, som nærer hendes hjerte

Hendes liv er modsætningsfyldt.

Livet derhjemme og livet her.

Her er fyldt med liderlige mænd,

Mænd med kortsigtede behov,

som bare skal opfyldes

uden hensyn til følelserne

Mænd som ikke længere drømmer,

men kun vil have adgang til det ydre hylster

Ejerens kone vil elskes for sit indre.

Det kan kun gå galt.

En skilsmisse bliver løsningen.

Et arbejde på en bar venter hende.

En bar hvor der ikke er plads til drømme.

Et selvmord afgjorde hendes skæbne

Jeg ser tilbage på begge kvinder

og finder dem lige attraktive

Den ene repræsenterer overlevelsen.

Den anden repræsenterer drømmene.

Hver især repræsenterede de min undergang.

Det erkender jeg med smerte,

når jeg ser tilbage i tiden

Jeg ville finde den gyldne mellemvej

for ikke at miste det menneske,

som jeg nu engang er

Det blev en mellemvej,

som jeg aldrig fandt

ODE TIL NUMSEMANDEN:

Du skal elske og ære din Numsemand.

Misbrug ham aldrig til formål,

som han ikke er skabt til at udføre

Numsemanden er ikke skabt til kærlighed.

Han befrier din krop for affaldsstoffer.

Stoffer som er til skade for din krop.

Forstyr ham aldrig i dette arbejde.

Bloker aldrig hans numsehul.

Før aldrig genstande ind i det.

Lad der altid være fri passage.

Numsemanden vil kun dit bedste.

Hans immunsystem vil blive svækket,

hvis han føler du svigter ham

Han består af normale celler.

Celler som kan ændre sig med dit svigt.

Celler som kan ændres til kræftceller.

Celler som vil gøre dig dybt ulykkelig.

HYLDEST TIL OLE HENRIK-SEN:

Ole. Ole. Ole.

Du, min dejlige "Cremekonge".

Dit feminine væsen betager mig.

Jeg elsker alt ved dig.

Jeg vil være lige som dig.

Lad os smelte sammen for altid.

Dine cremer viser mig vejen,

Men alligevel er det ikke nok.

Hvor bliver lykkecremen af?

Cremen, som for altid skal forene os.

Hold mig ikke hen mere, Ole.

Kom nu frem med glidecremen.

Lad mig ikke vente længere, min elskede.

Udtrykt af en anonym homoseksuel mand

HYLDEST TIL CLEMENT KJE...:

Du er en elsket mand,

når du på TV`et dukker frem.

Dine læber betager os alle,

når de åbner sig og lukker i.

Det bliver bare ved og ved,

og vi elsker det alle.

Dine ord betyder intet,

men dine læber betyder alt.

Indbydende som skamlæber,

når de folder sig ud.

Læber som bare venter,

men på hvad?

Er det mon mit våde lem?

Det håber jeg.

Det er nok bare en drøm,

men det betyder intet.

Mit stive "jern" udløses alligevel,

når du på TV´et dukker frem.

Udtrykt af en anonym homoseksuel mand

FØDT I DEN FORKERTE KROP:

Han ligger i den hjemmelavede vugge,

som er malet lyserød

Selv er han iført en lyserød sparkedragt

Væggene omkring ham er også lyserøde.

Billedet bliver fuldendt med de dukker,

som flankerer ham

Han er aldrig helt alene som den pige

hans forældre ønsker han skal være

Nu kommer hans far ind i værelset.

"Min lille prinsesse": udbryder han stolt

og tager ham op

Så kommer hans mor ind.

"Er hun ikke fin? spørger han begejstret.

"Jo, hende har vi været heldige med",

svarer moderen glad

Han er i sit rette element.

Kærligheden og nærheden omgiver ham

Der er ingen forbehold

på trods af gylp og de alt for mange bleer

som hele tiden skal skiftes

Han ønsker bare,

at det forbliver sådan

Men tiden går

og forandrer alting

Han bliver opmærksom på den våde ble

og siger det til sine forældre

Han skal lære at gå på toilet.

Forældrene ser på hans tissemand,

som om det var første gang

Han fornemmer deres skuffelse.

Er de mon ved at vågne op fra en drøm

Det virker sådan.

Intet bliver mere som før.

Så meget fornemmer han i hvert fald.

De lyserøde farver bliver skiftet ud

og erstattet med lyseblå

Nu er han omgivet af action mænd

hvor der før var dukker

Farverne gør tilsyneladende en forskel.

Kærligheden har også skiftet form.

Den er ikke længere uden forbehold.

Han forstår det ikke.

Hvorfor forsvandt de lyserøde farver?

Hvordan får han dem tilbage?

Et frø er blevet plantet i hans sind.

Et frø som vil forfølge ham resten af livet.

DECEMBER MÅNED:

Det er blevet december måned.

Måneden hvor jeg mister mig selv

som et særligt sensitivt menneske

Det er blevet fællesskabets måned.

Her står forventningerne i kø.

Forventninger som overvælder mig,

som jeg bliver bombarderet med,

som jeg ikke kan leve op til

Jeg kan ikke ånde

Jeg føler, jeg bliver kvalt.

BØRNENES JUL:

Du kan ikke undgå at se det,

når du kommer ind i stuen

Juletræet med sin centrale placering

Omfavnet af lyskæder

Flankeret af levende lys

Og kugler som lyset kan spejle i.

Det er et træ, som tiltrækker.

Stjernen i toppen fuldender billedet.

Du bliver fanget af magien.

Nu kommer forældrene ind.

Efterfulgt af bedsteforældrene.

Der bliver lagt gaver under træet.

Juletræet begynder at falme.

Det glitrende gavepapir overskygger alt.

Børnene følger med på afstand.

De sidste gaver bliver lagt.

Nu løber børnene hen til træet.

Hvor mange gaver mon de hver især får?

De levende lys bliver tændt.

Tiden er inde at gå rundt om juletræet.

Der skal synges julesange.

Det bliver kun til få.

Børnene vil have deres julegaver.

Julegaverne bliver delt ud.

Forældrene kigger stolt på hinanden

og på bedsteforældrene i det skjulte

De har gjort det godt.

Alle børnenes ønsker er blevet opfyldt.

Børnene flår gavepapiret af.

De ænser knap nok indholdet.

Der skal bare pakkes op.

Børnene samler gaverne omkring sig.

Hvor mange mon der er?

Og hvad har de kostet?

Heldigvis åbner skolen snart.

Gavehøsten har været tilfredsstillende.

De har gjort det godt.

Det skal fortælles til kammeraterne.

EN SKÆBNESVANGER NYT-ÅRSAFTEN:

Det er blevet nytårsaften.

En næsten fuldtallig familie er samlet.

Vi befinder os i mit barndomshjem.

Min far og min mor.

Min søster og hendes samlever.

Min fars bror som bor alene

og selvfølgelig mig selv

Raketterne er affyret.

Vi er gået ind i det nye år.

Min fars bror skal køres hjem.

Det bliver min søsters opgave.

Hun beder mig tage med,

så hun har selskab på vejen hjem,

når broderen er afleveret

Jeg aner ikke uråd og tager med

Det skulle jeg ikke have gjort.

Min søster har en plan.

På vejen hjem fra broderen spørger hun:

"Skal vi ikke besøge en mand,

som jeg har lært at kende på mit arbejde?"

Det indvilliger jeg i.

Den fremmede mand bor i et hus på landet.

Han venter tydeligvis besøg

og byder os velkommen

Vi bliver ført ind i en lille stue

som er sparsommeligt møbleret

Faktisk mindes jeg kun et spisebord og to stole.

Stolene står med fronten ind imod en åben pejs,

som byder os velkommen med en knitrende ild

Jeg sætter mig på den ene af stolene,

og den fremmede mand sætter sig på den anden,

men hvor skal min søster sidde?

Det har den fremmede mand et forslag til.

Hun skal sidde på hans skød.

Til min store overraskelse indvilliger hun.

Hun er ellers ikke en person,

som indbyder til nærhed og kærtegn

Det forbyder hendes opdragelse hende

Den fremmede mand virker fornøjet.

For ham er det tilsyneladende en uskyldig leg,

som igen ofre har

Jeg begynder at føle mig utilpas.

Hun har trods alt en samlever,

som venter hende derhjemme

Jeg lægger op til,

at der skal tages afsked, og det sker

Min søster befinder sig i sit eget drømmeland

på vejen hjem til vores barndomshjem

Den fremmede mand har sået et frø i hende

Et frø som siden fører til en graviditet,

som vil splitte familien for altid

STEMMER FRA FORTIDEN:

Jeg befinder mig i min søsters hus.

Der er fuldt dagslys.

Min søster er ved min side.

Nu passerer vi hendes soveværelse.

Her ligger hendes mand i sengen.

Han er fuldt påklædt og ikke alene.

Hans halvvoksne datter ligger bag ved ham.

Hun er også fuldt påklædt,

men virker alligevel utilpasset

Min svoger kigger på mig med glade øjne.

Han virker altid glad,

hævet over alle bekymringer

som en engel beskyttede ham

Jeg forstår ingenting.

Gentager historien sig?

Min søster forsøger at forklare.

Hun kigger kærligt på sin mand:

"Han ligger altid ved sine børn,

for at passe på dem, nå de er syge".

For mig giver det ingen mening,

men for min søster gør det

tilsyneladende af hele sit hjerte

Jeg lader hende forblive i troen.

Tvivlen må komme hende til gode.

Grænsen mellem kærlighed og overgreb.

Hvor går den?

Det er svært for mig at skelne.

Som barn blev jeg seksuelt misbrugt.

Overgreb som aldrig blev bearbejdet.

Nu har jeg valgt tilskuerrollen,

indtil jeg får styr på mit moralske kompas

Jeg må kæmpe min egen kamp

HOREBARNET:

Hun blev født som et horebarn

undfanget udenfor et fast forhold

en betegnelse som er forældet,

men konsekvenserne er ikke

Hendes mor var kærlighedssøgende.

Barndommen var kærlighedsløs.

Moderens partner slog ikke til,

men det gjorde en udenforstående

Resultatet blev et barn,

som ikke var planlagt,

som ikke var ønsket,

men alligevel uden skyld

og med et behov for kærlighed

uden forbehold

Moderen blev udstødt at familien

Hun måtte klare sig selv.

Det blev barnets skæbne.

Faderen havde nok i sig selv

og bidrog ikke til husholdningen

For ham var konen et frihedskort

til at leve et liv uden forpligtelser

Moderen måtte tage kampen op alene

og nøjes med de få kærtegn,

som manden tildelte hende

Deres barn måtte betale prisen.

Moderen forbandt hende med den smerte,

som udstødelsen fra familien havde medfødt

Et nyt barn blev løsningen for moderen

Barnet blev undfanget uden den familie,

som hun ikke længere var en del af

Det blev et ønskebarn,

som blev elsket uden forbehold

Tiden gik, som den nu gør.

Der blev sat et punktum for ønskebarnets liv.

En trafikulykke gjorde udslaget.

Tilbage var det uønskede barn

som en evig påmindelse for moderen

om den familie, som havde udstødt hende.

Yderligere år blev tilføjet.

Det uønskede barn blev voksent.

En kvinde med det barn i sig,

som bare ønsker at blive elsket

uden forbehold

Et ønske som burde være en selvfølge,

men ikke er det

i virkelighedens verden

EN RØDSTRØMPES SANDHED:

Rødstrømpen bærer en overdel

med en pileformet halsudskæring

som fører ned til hendes kvindelighed

I hendes optik er mænd smådumme,

men hun vil gerne vise dem vej

til hendes sandhed:

"Mænd er nogle liderlige svin"

For hende er der kun en sandhed.

Den pileformede udskæring tjener sit formål.

Mændenes blikke vil automatisk følge den.

TILTRUKKET AF BRYSTER:

Han kan ikke lade være.

Synet af bryster får ham til at stirre.

Brysterne fører ham tilbage til fødslen,

hvor trygheden var dominerende

Her skulle han ikke bevise noget

for at føle en eksistensberettigelse

Han fik sin næring fra brysterne

uden forbehold,

og nu kan han ikke slippe dem

Et godt voksenliv kræver et fundament,

som han aldrig fik skabt

Nu søger han tilbage til barndommen.

Det sker instinktivt.

Brysterne hjælper ham.

Især de store bryster tiltrækker ham.

De må jo indeholde meget næring,

men størrelsen betyder ikke alt

Kommer dievorterne frem,

når han kigger på dem,

så er det altafgørende

Det betyder, at det gør en forskel,

når han rører ved dem

Så er han tilbage ved fødslen

i sin mors skød,

hvor alt var enkelt og ligetil

Han nøjes med at kigge,

belært af erfaringen

så bliver han ikke skuffet

DEN MODERNE KVINDE:

De fysiske rammer er perfekte for det unge par.

Parcelhuset er næsten nyt

og rummer alle de statussymboler,

som hjertet kan begære

og vidne om parrets succes udadtil,

men der mangler noget:

Lyden af børnesnak.

Det endelige bevis for,

at parrets liv er perfekt

Nu ligger hustruen i sengen

kun iført pikant undertøj

og venter på sin mand,

som skal realisere hendes drøm

Han er i gang med at støve af.

Det er en del af husarbejdet.

Der er ligestilling i hjemmet,

Manden er indforstået med det

Hans kone arbejder jo også,

det samme antal timer om ugen

Hans fornuft siger ja,

Men hans hjerte siger nej

Støvkosten gør udslaget.

Han mister mandigheden.

Sådan føler han i hvert fald.

Om lidt skal hustruen befrugtes.

Han vil gøre sin pligt,

selv om hans hjerte ikke vil være med

Det hjerte, som skal sikre,

at befrugtningen fuldbyrdes

Den kunstige befrugtning bliver løsningen.

Så er facaden bevaret udadtil.

Hjertet må vente til pensionistlivet

og komme børnebørnene til gode

TILBAGE TIL BEGYNDELSEN:

Hun befinder sig på et plejehjem.

Det har hun efterhånden gjort i nogle år.

Nu sidder hun i sin lænestol.

Hendes ben kan ikke længere bære hende,

men hendes kørestol er der for hende

Det samme er personalet såmænd.

Hun tænker tilbage i tiden.

Der har været både sorger og glæder.

Hun har gjort det godt.

Det synes hun i hvert fald selv

med tanken på samfundets forventninger

Hun har fuldført deres program:

Uddannelse, arbejde, kæreste, mand, børn

for ikke at snakke om børnebørn

og tilegnelse af fast ejendom

Rækkefølgen betyder kun lidt for samfundet.

Bare man fuldfører programmet.

Så er samfundet tilfreds.

Nu føler hun sig overflødig.

Børnebørnene har ikke længere brug for hende.

De er spredt for alle vinde.

Hendes egne børn har heller ikke tid til hende.

De skal fuldføre programmet.

Programmet som hun selv har gennemgået.

Det forstår hun godt.

Hendes liv er ved at rinde ud.

Hun tænker tilbage på den tid,

hvor der var brug for hende

Hun befinder sig godt i fortiden,

og personalet tager sig jo godt af hende

De kan godt fornemme,

at virkeligheden ikke mere er noget for hende

Hun søger stadig længere tilbage i tiden.

Tilbage til den tid hvor hun blev født,

hvor hun ikke skulle bevise noget,

hvor hun blev elsket betingelsesløst

Hun er tilbage ved livets begyndelse.

Livets cirkel er fuldendt.

Den næste morgen lå hun død i sin seng.

Hun var sovet stille ind uden varsel

med et fint lille smil om munden

LIVET EFTER DØDEN:

Hendes liv er ved at rinde ud.

Hun ligger på sit dødsleje

og kan ikke rigtig give slip

Der er et regnskab, der skal gøres op,

men der er alt for mange løse ender

De uforløste følelser og oplevelser trænger sig på.

Hendes tanker går tilbage til barndommen,

hvor alt var enkelt og ligetil

Det er et naturligt sted at begynde,

når regnskabet skal gøres op

Som barn var hun ønsket og elsket

af sine biologiske forældre

Hun var også et kønt barn

Hendes fremtid tegnede lys.

Udseendet gjorde arbejdet.

Hendes rødder bekræftede hende.

Et ægteskab sikrede hende økonomisk.

Børn blev det også til.

3 af slagsen for at være mere præcis

Der var ingen spekulationer.

Det hele gik jo så nemt.

Hendes udseende bekræftede hende.

suppleret op af økonomi og status

Hendes eksistensberettigelse var indlysende.

Så blev alting forandret.

En kræftsygdom gjorde udslaget

Det blev hendes bryster,

som måtte ofres

Hendes fysiske krop var ikke længere perfekt.

Med kræften fulgte flere sygdomme.

Det var sygdomme af både fysisk og psykisk art.

Eksistensberettigelsen blev truet.

Udseendet slog ikke længere til.

Det gjorde ægteskabet heller ikke.

Den ydre ramme blev slået i stykker.

Hendes børn forsvandt ud af hendes liv.

sammen med de ydre værdier,

som hun ikke længere kunne tilbyde dem

og heller ikke sig selv

Tilbage var mennesket,

som aldrig var blevet bygget op

Hun måtte genfinde sig selv

med de indre værdier,

som hun også besad,

Værdier som var blevet ignoreret,

fordi de var for besværlige

Nu blev værdierne hendes redning.

Det kom til at tage tid.

Svarene skulle ikke findes på det ydre plan,

men på det indre plan med den smerte,

som det medførte

Indsigten begyndte langsomt at indfinde sig.

Hendes fysiske krop var blevet en belastning.

Den var ikke længere en evig kilde til glæde.

Hun indså, at kroppen var blevet et fysisk fængsel,

som bandt hende til en bestemt tid og sted,

med de værdier der gjorde sig gældende der

Det blev et ønske om at blive fri for sin krop,

at svæve af sted på tværs af tid og sted,

at leve i nuet altid

og blive elsket ubetinget

uden hensyn til økonomi og status

Nu mærker hun,

at hendes lys er ved at blive slukket,

og hun bare skal give slip,

så det gør hun

En portal af lys åbner sig foran hende,

Den bevæger hun sig trygt ind i.

Hun føler,

at hun omsider er kommet hjem

rigtig hjem

Kærligheden strømmer hende i møde

betingelsesløs

Hun bliver mødt af mennesker,

som hun før har taget afstand fra i livet

Det gør hun ikke mere.

Omsider har hun forstået,

at de har kæmpet den samme kamp,

som hun selv har

på de platforme

som livet har tildelt dem,

og som kan virke tilfældige

En kamp som kun har et formål:

At blive elsket ubetinget

uden hensyn til økonomi og status

Alt giver lige pludselig mening.

Hun får indblik i alle de liv,

som hun har levet før,

og som alle kun har haft et formål

At opnå den ultimative forståelse:

At alt og alle har den samme eksistensberettigelse

og har sin bestemte plads i universet

En forståelse som krævede,
at hun gav slip på sin fysiske krop for evigt,
og de værdier som var forbundet med den

EN KUNSTNERS DILEMMA:

Tonen er slået an

med journalistens spørgsmål:

Kan du forklare, hvorfor…?

Spørgeformen er indladende

eller snarere nedladende forstående

Formålet er klart.

Ofret skal krænge sin sjæl ud.

Hendes offer er en digter.

Vi befinder os i et tv-studie,

hvor optagelsen er direkte

Til stede er et indbudt publikum,

som kan understøtte journalisten

Ofret er en særlig sensitiv person.

Hans påklædning er enkel.

Det har han insisteret på.

Hans skjorte er indkøbt i Rema

og virker tarvelig og ussel

i forhold til journalistens påklædning

Hun kender spillet og ved,

hvordan hun skal vinde folkets gunst

Spørgsmålene hagler ned over digteren.

Han søger sandheden og intet andet.

Interviewet skal forløse ham,

og få ham til at føle sig mindre ensom

Journalisten har en anden dagsorden.

Selv søger hun lyset, farverne og storheden

med den løn som er forbundet med det

For hende findes der intet andet.

Hun ved, at hun ikke er alene.

Publikummet er på hendes side.

Det drejer sig om at afsløre digteren.

Hendes livsværdier er de eneste sande.

Det ønsker hun at blive bekræftet i.

Digteren er dømt til at tabe på forhånd.

Flertallet er imod ham.

Det ved han godt,

men han har forsøgt,

og det er det vigtigste for ham

FORFATTERPORTRÆT:

Mit navn er Kai Riesendorf.

Jeg er født i 1958 i Fiskens tegn (20. februar). Min barndom tilbragte jeg i et følelsesmæssigt afstumpet bondemiljø. Her var det forbudt at visse følelser, og gjorde man det, var det et tegn på svaghed. Så duede man ganske enkelt ikke.

Alligevel havde jeg et stærkt behov for at give udtryk for mine følelser allerede som ganske lille. Det vat først som 59-årig, at jeg fandt ud af, at det skyldes, at jeg er særlig sensitiv.

Indtil dette tidspunkt troede jeg, at min sårbarhed skyldes, at jeg var blevet misbrugt seksuelt af min far som barn. Overgreb som jeg aldrig fik hjælp til at få bearbejdet.

Det var først, da begge mine forældre var døde, at jeg fik overblikket over mit liv. Jeg kunne endelig sætte mig ud over den offerrolle, som jeg indtil dette tidspunkt havde følt mig bundet af.

Min særlige sensitivitet betyder, at jeg er mere modtagelig for alle mulige slags sanseindtryk fra omgivelserne af end "normalt" og derfor let bliver overstimuleret.

Det betyder også, at jeg nogle gange kan fornemme/mærke, hvordan andre mennesker føler uden egentlig at ville det.

I praksis betyder det, at jeg har brug for meget tid alene for at kunne få bearbejdet dette overskud af sanseindtryk. Det er denne bog et udtryk for.